KB190867

자빠져
있어도
사랑해

세움북스는 기독교 가치관으로 교회와 성도를 건강하게 세우는 바른 책을 만들어 갑니다.

크리스천 여성작가 시리즈 04

자빠져 있어도 사랑해

매일 깨닫는 어떤 엄마의 유쾌한 묵상

초판 1쇄 인쇄 2023년 10월 20일
초판 1쇄 발행 2023년 10월 25일

지은이 ┃ 크리스틴 장
펴낸이 ┃ 강인구

펴낸곳 ┃ 세움북스
등 록 ┃ 제2014-000144호
주 소 ┃ 서울시 종로구 대학로 19 한국기독교회관 1010호
전 화 ┃ 02-3144-3500
이메일 ┃ cdgn@daum.net

그 림 ┃ 심효섭
디자인 ┃ 참디자인

ISBN 979-11-91715-94-1 (03230)

자빠져 있어도 사랑해

매일 깨닫는
어떤 엄마의
유쾌한 묵상

크리스천
여성작가
시리즈 04

크리스틴 장 지음 · 심효섭 그림

세움북스

추천사

저자의 글을 읽으며, 큰 소리로 감탄하고 웃으면서 아내에게 "이리 와, 이것 좀 읽어봐." 하고 나누는 제 모습을 발견했습니다. 전부 다 제 마음에 팍팍 와닿고, "아! 그거지." 하며 공감되는 글들이었습니다. 관계, 가족, 그리고 신앙의 주제 가운데 매일매일의 지극히 평범하고 보잘것없는 듯한 상황들…. 그것들을 사랑의 기초로, 사랑의 눈으로 보고, 느끼고, 또 글로 옮겨, 우리 마음에 감동을 주는 힘! 《자빠져 있어도 사랑해》는 저에게 그런 책입니다.

미국에서 성장한 1.5세인 저도 알아들을 수 있는 표현들이어서, 장면 하나하나를 상상하며 읽었습니다. 저도 모르게 그 상황 가운데 답을 주고받으며 동참하고 있음을 발견했습니다. 읽는 내내 재미있었습니다. 더 나아가서, 그냥 흔한 말로만 하는 사랑이 아니라, 아가페 사랑의 핵심을 짚었습니다. 상대방의 자빠져 있는 모습이 한심해 보이는 것이 아니라, 그 자체가 사랑스러워 보이는 사랑! 감사하게, 저도 그렇게 사랑받는 자임을 깨달았습니다. 그리고 저도 그렇게 사랑하고 싶습니다!

✢ **김태형** (ANC온누리교회 담임목사, Los Angeles)

글을 맛깔나게 쓰는 사람은 많이 있습니다. 하지만 삶도 그렇게 살아가는 사람은 그렇게 많지 않습니다. 그 이유는 아무래도 삶이 그렇게 녹록하지 않기 때문이겠지요. 그런데, 크리스틴이 쓴 이 모든 이야기는 그냥 그대로 크리스틴의 삶의 이야기입니다. 특히 남편과의 여러 가지 에피소드와 남편을 향해 살짝 눈 흘기는 속마음도 모두 실제입니다. 그러니까 여기에 실린, 이렇게 신선한 재미를 주는 표현들은 글을 쓰기 위해 고민하면서 만들어 낸 것이 아니라, 살면서 늘 그런 식으로 생각하고 말하던 것들이라는 것입니다.

그래서 이 글들을 읽으면서 자꾸 미소를 짓게 됩니다. 바로 우리 이야기이면서, 우리의 속마음이기 때문입니다. 하지만 그것이 상한 쓴 뿌리에서 나오는 것이 아니라 하나님에 대한 사랑과 신뢰, 그리고 하나님께서 주신 사람들에 대한 변치 않는 마음에서 나오는 것이기에, 저자의 글들은 우리를 정말 행복하게 합니다. 이 책을 읽으면서 사람에 따라 여러 가지 느낌을 갖겠지만, 모두가 공통적으로 '우리가 삶을 산다는 것은 참 행복한 것이다.'라는 걸 느끼게 될 것입니다. 그래서 이 책을 제가 사랑하는 모든 사람에게 강추하고 싶습니다.

✢ 유진소 (부산 호산나교회 담임목사)

크리스틴의 크리스털 행복! 책을 읽으며, 일단 살짝 질투가 난다는 것을 숨길 수가 없습니다. 크리스틴의 남편은 얼마나 행복할까요? 이런 엄마가 있었다면 아마 나에게 애정결핍은 없었을 겁니다. 친구들도 하나님도 모두 크리스틴 때문에 행복할 것이 분명합니다. 크리스틴도 우리와 크게 다르지 않을 터인데, 책의 글들은 짧으면서도 그림으로 시각화됩니다. 그리고 공감으로 고개가 끄덕여집니다.

저는 과학자로서 크리스틴이 행복 과학 실험을 하고 있다는 생각을 하게 되었습니다. 그녀는 자연 과학자처럼 현상을 관찰하고, 현상 속에 숨어 있는 행복의 구조를 알아채는 직관이 뛰어납니다. 발견한

현상과 실체를 시처럼, 지혜의 잠언처럼 맑고 투명하게 묘사합니다. 이때 크리스틴은 시인이고 지혜자입니다. 크리스틴의 빛나는 눈빛으로 우리의 일상은 행복의 빛을 반사하는 수많은 나뭇잎처럼 바람결에 수런거립니다. 이 빛은 처음에는 부러움으로, 그리고 미소로 번져 나가다가, 글 속의 주인공이 자신인 양 착각하는 상상으로 번집니다. 그러나 현실의 자신을 보며 살며시 좌절, 이어지는 웃음으로 순환됩니다. 이 감정의 작은 일렁임이 이 책을 읽는 묘미입니다.

크리스틴은 걱정이 있을까요? 크리스틴은 화를 낼 줄 알까요? 크리스틴이 아무리 미모에 매력 만점이라 해도, 미모와 매력이 행복을 보장하지 않음을 이 글을 읽을 매력덩어리 독자들은 잘 알고 있습니다. 그녀가 인생의 파도를 넘기며 행복을 찾을 수 있는 것은 그녀만의 크리스털 유머, 크리스털 웃음에 있지 않을까요? 성경에서는 여인에 대한 최고의 찬사로 "현숙한"이라는 표현이 등장합니다. 이 현숙한 여인의 덕성은 여러 가지지만, 살짝 지나치기 쉬운 것으로 "후일을 웃으며"(잠 31:25)라는 묘사가 있습니다. 현숙한 여인은 후일 즉 미래, 혹은 운명의 파도를 웃어넘길 줄 압니다. 크리스틴은 걱정이 없어 보입니다. 그것이 후일을 웃는 지혜가 아닐까요? 후일을 웃을 수 있는 믿음의 배포, 그것으로 우리의 일상은 행복으로 빛날 것입니다.

✤ **이재영** (한동대학교 기계제어공학부 교수)

목차

제2부 가족 이야기 《자녀》

제3부 인생 이야기 《사람》

제4부 인생 이야기 《삶》

제5부 하나님 이야기

제1부

가족 이야기
남편

세어 볼 줄 몰랐다

출근길, 차 안에서 먹겠다며
빵 3개를 구워 달라기에
바싹 구워서 반으로 잘라 주었더니

그걸 또 일일이 세어 보고
왜 한 쪽이 모자라냐고 따지는 당신!

그래, 내가 한 쪽 먹었소.

나를 그리 못 믿으니
나라고 안 먹고 희생할 리 있겠소.

세월이 참

연애할 때는
한마디라도 더 들으려고
수화기를 놓지 않더만,

지금은
한마디라도 더 들을까 봐
홀랑 끊어 버리는구나.

미쳤었네

신혼 때는
남편이 화장실에 가면

볼일 다 볼 때까지
문 앞에서 시를 읽어 줬던 적도 있었는데

지금은 시집으로
때려주고 싶을 때가 있다.

우리 젊은 미친 날로
다시 돌아갈 수는 없겠지….

할 도리는 해야지

신혼도 아니고 남편이 출근할 때면 현관에서 배웅하고 마는데…
얼마 전 결혼 연수가 훨씬 오래된 분이 알려 주셨다.

남편 출근할 때 밖에 꼭 따라 나가서
다정하게 인사하고 차가 떠날 때까지 봐 주라고.

그것이 괴팍한 남편과
숱한 고비를 넘기고서 지금까지 잘 살아온 비결이라고.

덧붙이시기를,
혹시 남편에게 기분 나쁜 일이 있으면 따라는 나가되,
인사는 하지 말고 발끝을 보든지 꽃을 만지든지
딴짓을 하면 된다고.

그럴 거면 안 나가면 되지,
뭘 굳이 나가서 그러고 있느냐고 했더니
아무리 기분 나빠도 할 도리는 해야 한다고.

어느 카툰에서 비 오는 날
남편이 아내와 침 튀기며 말다툼하는 와중에
한 손으로는 아내에게 우산을 받쳐 주고 있는 그림을 보았다.

그래, 기분 나빠도 해야 할 도리는 해야지!
수틀리면 그냥 나자빠지는 인간들도 많은데
아내 노릇 이전에 사람 노릇에도
꼭 필요한 자세다.

자업자득

남편은
착하고 섹시한 여자가
이상형이었지만

없어서
그냥 예쁘고 섹시한 여자랑
결혼했는데…

좀 고생하는 것 같다.

말 같지도 않은 중에 불은 제대로 들어왔다

여 : 아저씨 회사는 요청하자마자 이렇게 빨리 나와요?
남 : 네. 불편하신데 빨리 해 드려야죠~!

여 : 아저씨가 이 회사 사장님이에요?
남 : 네. 그렇습니다.

여 : 사장님이 직접 오실 줄 몰랐어요.
남 : 네~ 예쁜 아줌마가 있는 집은 제가 직접 갑니다.

여 : (옆구리를 꼬집으며) 아이~ 몰라요, 아자씨~!
남 : (의자에서 떨어질 뻔하며) 어허~ 작업 중에 이러시면 안 됩니다.

※ 차고의 형광등 전구 갈며 주고받은 남편과의 대화

마누라보다 칫솔

어제저녁 남편과 다투고
안방에 들어오지 말라 했더니

냉큼 한다는 소리,
"그럼, 내 칫솔은 어떡해?"

아니, 지금
마누라를 못 보게 생긴 마당에
칫솔이라니.

이빨 실컷 닦으라고
칫솔을 주고 문을 닫았다.

사랑은 가도
이빨 잘 닦고 잠 잘 자는
자립적인 인간이 되는구나.

자빠져 있어도

남편이 퇴근 후 집에 돌아왔을 때,

나는 밝고 상냥한 목소리로
"안녕히 다녀오셨어요~!"라고
인사를 했고

딸은 소파에
누워서 자고 있었다.

남편은 나에게 눈길조차 안 주고
딸의 이름을 크게 부르며
"아빠 왔어~!"라고 말한다.

자빠져 있어도 사랑받을 수 있는 존재가
부럽다.

가장 자신 있는 부위

차 안에서 내가 남편에게 물었다.

신체 중에서
가장 자신 있는 부분을 3초 내에 말하시오. 1! 2! 3!

남편이 외쳤다.
"뇌!"

'뇌'라니…
생각지도 못한 부위다.

나도 누가 물어보면
"뇌"라고 대답할까?

어디 좀
보자고 하는 사람은
없겠지?

어쩌고저쩌고

다큐멘터리를 같이 보는데
남편이 자꾸 TV랑 대화를 한다.

진행자가 "왜 그랬을까요?"라고 하면
남편이 "바빠서 그랬겠지."라고 답한다.

용의자가 "못 만났다."라고 하면
남편이 "거짓말하네~!"라고 말한다.

중간중간 "그렇지", "아니야", "맞아"
어쩌고저쩌고, 대화가 끝이지 않는다.

우리 아들이 대여섯 살 때
만화영화 보면서 저랬던 모습이 떠오른다.

아들은 다 컸는데
아빠는 저러고 있네.

사랑은 이런 거야

드라마를 같이 보다가
내가 물었다.
"사랑이 이런 거야?"

옆에서 눈 비비고 코를 만지던
남편이 그런다.

"응, 사랑은 이런 거야.
같이 밥 먹고, TV 보고, 웃고,
시시한 것을 같이 하는 것이 사랑이야."

젊을 때는 크게 성공해서
호강시켜 준다더니,
벌써 때려치웠나 보다.

이게 다라고 하네.

자빠져 있어도 사랑해
제1부 가족 이야기 《남편》

효자손

Mother's day를 맞이하여
남편이 나의 두 손을 맞잡고 지긋이 말한다.

"여보, 내 아이들의 엄마가 되어 줘서 고맙고
내 아내가 되어 줘서 고마워."

그리고 선물이라며
자신이 보유하고 있던 두 개의 효자손을 내민다.

둘 다 긁어 본 후에
마음에 드는 것을 고르라고 한다.

나는 여태까지 그가
한 개의 효자손만 가지고 있는 줄 알았는데,

또 한 개의 효자손을
꼬불쳐 놓고 있었다는 것에 놀랐다.

어찌 됐건 '엄마의 날'에
딱 맞는 선물인 효자손을
남편에게 받은 사람은

나밖에 없지 싶다.

먹은 거 도로 내놔

남편에게
한 상 차려 줬는데

다 먹고 나서
뜨거운 물 한 잔을 마시더니
물이 제일 맛있다고 한다.

말 한마디로
천 냥 빚을 지는구나.

자빠져 있어도 사랑해
제1부 가족 이야기 《남편》

침 묻은 사랑

드라마 보다가 졸고 있는데
남편이 내 귀에 속삭인다.
"달이 좋아, 별이 좋아?"

내가 대답했다.
"달이 좋아."

남편이 여기 '달'이라며 내민다.
동그란 뻥튀기를 초승달 모양으로 잘라 먹은 것이다.

언제부터 달을 만들고 있었나.
"별이 좋아, 달이 좋아?"
웬일로 낭만적인가 했다.

별이 좋다고 할걸.
고생 좀 하게.

이런 것 개발하지 않으리

새로운 '부부 인사법'을
개발했다.

얼굴 마주치면
무조건 포옹하고

남편은 "사랑합니다",
아내는 "존경합니다" 하면서
뽀뽀 한 번 하는 것인데,

오늘 아침에 내가 개발해서
아침에 한번 해 보고

지금 저녁인데 싸우고
얼굴 안 보기로 함.

자빠져 있어도 사랑해
제1부 가족 이야기 《남편》

희대의 주책바가지

내가 만든 돼지고기 수육을
맛있게 먹으면서 남편이 말한다.

자기가 아는 사람 중에
요리 잘하는 사람이 4명 있다고.

나 말고 다른 3명이 누군지 궁금했는데,
그 4명 안에 나는 들어가지도 않는다.

K, K, K, K
그러고 보니 모두 김 씨네.

아무튼 내가 해 준 음식 먹으면서
다른 여자들 요리 솜씨를 칭찬하다니
희대의 주책바가지다.

불타오르네

빨간색 비니를 쓰고
부엌에서 요리를 하고 있었다.

아들은 "엄마, 그게 뭐예요?"라고 했고
딸은 식당 아줌마 같다고 했고
남편은 성냥 같다고 했다.

성냥팔이 소녀도 아니고
성냥이라니!

성냥이 열 받으면
어떻게 되는지 보고 싶소?

이글
이글

지글지글

빨리 나와 보시오

"나랑 살아서 재밌어?"
라고 묻는 순간,

남편이 화장실로 들어가서
나오질 않는다.

해소할 것이
많은가 봄.

조건 없는 사랑

중년 부부야말로
조건 없이 사랑하는 것 같다.

서로…
얼굴 안 본다.

둘이 가자니까

둘이서
가을 여행 한번 가자고 했더니

이 남자가 말한다.
아이들하고 같이 가면 어떻겠냐고.

둘이 가자는데
애들을 델꼬 가야 한다니

내가 지금
유부남하고 사귀나 보다.

내가 도와줄게

남편이 요새 심장이 안 좋아서
심박수를 잴 수 있는 시계를 샀다고 한다.

"당신 심장 안 좋아?
언제부터?"

남편이 말한다.
나를 볼 때마다
가슴이 너무 두근거린다고.

에잇, 그런 일에 왜 돈을 써?

차라리 내가 조금
못생겨질게.

그럴 리가

나랑 같이 있으면
어딜 가나 천국이냐고
내가 물었다.

너는 그렇냐고
남편이 되묻는다.

아니다.
괜한 질문이었다.

꽃뱀과 치한

남편에게 윙크를 했더니,
자기 좋다는 줄 알고
슬금슬금 나에게 접근하다가

아들이 나타나자
황급히 뒤로 물러선다.

이 집에는
꽃뱀과 치한이
같이 산다.

뒷일을 알았더라면

발이 너무 차가워서
남편 얼굴에 얹었더니

남편이 내 발을
손으로 녹여 준 다음

그 손으로
내 입을 쓰다듬었다.

니 발인데
어떠냐며.

이렇게 될 줄 알았더라면
그렇게 하지 않았을 텐데.

이런 자뻑

좋아하는 음식이 무엇인지
얘기를 나눴다.

아들은 '카레라이스'를
한 달간 계속해서 먹을 수 있다고 하고,

나는 '김치찌개'를 좋아하지만
사흘 먹으면 질려서
더는 먹기 싫을 것 같다고 했다.

듣던 남편이 말한다.
저렇게 잘 질리는 여자가
얼마나 안 질리면
나랑 이렇게 오래 살겠냐?

이런 자뻑…
질린다! 질려!

우리가 뭘 어쨌다고

된장찌개와 김치볶음으로
저녁을 차려 줬더니

남편과 아들이
도란도란 맛있게 잘도 먹는다.
형제 같다.

둘이 사이 좋아 보인다고 말하니까,
남편이 "우리는 괴롭히는 사람 없으면
싸울 일이 없어."라고 한다.

여기서 괴롭히는 사람이란
딸과 나를 말한다.

다른 여자랑도

아침에 일어나서
남편에게 말했다.

"여보, 같이 자 줘서 고마워.
나는 다른 남자랑은 절대 안 잘 거야."

남편이 말했다.
"나도 다른 남자랑은 안 잘 거야."

어떤 이별

이른 아침, 화장실에 가려고
침대에서 일어나는
남편을 붙잡았다.
"가지 마."

남편이 말한다.
"조국이 나를 부른다.
나라를 위해 가야 한다.
다시 너에게 돌아오마."

나는 남편을 놓아줬고,
그는 비장하게
볼일을 보기 위해 떠났다.

언론의 자유

"당신은 내가 좋아, 아들이 좋아?"
남편은 내가 좋다고 한다.

남편도 묻기에
나는 아들이 좋다고 했다.

남편이 말한다.
"너는 언론의 자유를 가지고 있구나."

자빠져 있어도 사랑해
제1부 가족 이야기 《남편》

살아나는 재주

내가 딸에게 말했다.
"너는 좋겠다.
엄마도 착하고
아빠도 착해서."

남편이 말한다.
"엄마도 착한가?"
…
"엄마는 예쁘지."

이 남자는
죽을 뻔하다 살아나는
재주가 있다.

부드럽게 시키지 마

부드러운 목소리와
정중한 말투로 말하는 선수(?)가
내 남편이다.

"문 좀 닫아 주지 않겠어?"
"불 좀 꺼주세요~"
"물 한 잔만 부탁해~"
"책은 좀 치울까?"

내가 하고 싶은 말은 이거다.
부드럽게 말할 시간에…

직접 하라고!

아무리 이빨이 없어져도

아침에 일어나서
내가 시를 베껴 쓰는 동안

남편은 옆에서
치아 뽑기 마술을 보고 있다.

눈앞에서 마술로
이빨을 없어지게 하는 쇼이다.

정말, 어떤 여자의
앞니 두 개가 순식간에 사라졌다.

아무리 이빨이 없어져도
세상이 아름다운 건

시가 있기 때문이다.

부르르 하는 이유

나는 부르르 화를 내는데
남편은 너그러이 대하는 일이 있고,

남편은 부르르 하는데
나는 너그러이 대하는 일이 있다.

이것은 그 일을 대하는
남녀의 다름인가, 나이의 다름인가,
성격의 다름인가 궁금하다가 …
답을 얻었다.

너그러운 경우는
지가 당한 일이 아니기 때문이다.

자빠져 있어도 사랑해
제1부 가족 이야기 〈남편〉

행복이란 1

금요일 저녁, 남편과 함께 장 보러 나온 김에
순두부찌개와 돼지불고기를 사 먹었다.

순두부찌개에 넣어 먹으라고 계란이 하나 나왔는데
국물 잡아먹는 게 싫어서 안 넣었다.

계란은 도로 반납하려고 했더니
갈수록 여성호르몬 돋고 있는 남편이
가져가야 한다고 강력하게 주장했다.

어디 넣을 데도 없어서
날계란 하나를 손에 들고 다니자니 깨질 것 같고
따뜻한 내 손에 부화될 것 같고….
아무튼 신경 쓰이는 애물단지였다.

장 보고 나오는데
어두운 남색 하늘에 초승달과 별 한 개가 선명하니 아름다웠다.
우아한 초승달은 나 같고, 귀여운 꼬마별은 남편 같았다.

돈 내는 것 아니니까 실컷 보자면서
우리 둘은 손을 잡고 가만히 서서 보았다.

행복이란,
깨지기 쉬운 날계란 한 개를 손에 쥐고
밤하늘의 별과 달을 함께 바라보는 것인지도 모른다.

행복이란

자빠져 있어도 사랑해
제1부 가족 이야기 〈남편〉

사력을 다한 바지

여기를 다리면 저기가 구겨지고
저기를 다리면 여기가 구겨지고

'못 해 먹겠네!'

때려치우고 싶은 마음 굴뚝 같으나
잘하는 사람은 절대 줄 수 없는

'사력'을 다한 바지를
남편에게 선물해 주려고 한다.

뭐가 부족해서

남편은

몸 안에
무슨 성분이 부족해서

맨날 저렇게
기분이 좋을까.

자빠져 있어도 사랑해
제1부 가족 이야기 〈남편〉

유난히 친절한 남자

LA를 다녀오는데 어찌나 졸리던지
깜박깜박 블랙블랙 정신을 못 차리겠기에

큰일 나겠다 싶어 잠을 깨려고
남편에게 졸음운전 중이라며 전화를 했더니,
남편은 매우 친절한 목소리로
회의 중이라며 냉큼 끊어 버렸다.

해서 아들한테 했더니,
아들은 그다지 친절하지도 않은 목소리로
15분 동안이나 전화 응대를 해 주었다.

나는 생각했다.
무사히 집에 와서 다행이고,
유난히 친절한 남자는
조심해야겠다고.

어흥

남편은
내가 너무 말을 잘해서
무섭다고 한다.

말을 잘해서
무서운 것이 아니라

'진실'이
원래 무서운 법이다.

자빠져 있어도 사랑해
제1부 가족 이야기 《남편》

대낮부터 왜 이래

남편이
좋다는 샤워기 헤드를 사 와서 설치하고는

자꾸만
샤워해 보라고 조른다.

'이 사람이! 대낮부터~!'

까분다

원피스의 지퍼 좀
올려 달라고 했더니

남편 없으면
옷도 못 입을 거라면서
앞으로 까불지 말라고 한다.

선생님이 일부러
뭐 좀 시키면
꼭 이렇게 까부는 애들이 있다.

족욕

남편의 족욕을 위해
족용 전용 대야에
뜨끈뜨끈 물을 받고
소금을 넣었는데

문득 소금의 양이 적당한지
궁금했다.

찍어서 맛을 보니
음~ 괜찮군!

Love is …
발 물도 맛보는 것.

그냥 더 줄걸

모닝커피를 내렸다.

남편 컵에 따르고
내 컵에 따랐다.

남편 컵에
더 많이 따른 것 같아서

남편 컵에 있는 것을
내 컵에 들이붓다가

그만큼 식탁에
다 흘렸다.

그냥 더 줄걸.

자빠져 있어도 사랑해
제부 가족 이야기 《남편》

그래 봤자

디너쇼가 있어서 갔다.
원탁에 여덟 명이 앉았는데
그중 두 명이 20대 초반으로 보이는 연인이었다.

대화할 때
어찌나 얼굴을 가까이 대고 눈을 맞추는지
맞은 편에 앉아 있는 것이 미안해질 지경이었다.

만지고 기대고 부비고…
만지고 기대고 부비고…

고달픈 것이 인생이지만
저렇게 꿀 떨어지는 것도 인생이겠지.

그래 봤자
우리처럼 돼.

꿀이
뚝뚝

검객과 주모

현금이 좀 필요해서
남편에게 달라고 했다.

기다란 나무 등긁개로
등을 긁던 남편이

그 등긁개를
등판에 그대로 끼운 채

어디서 꼬깃꼬깃 꿍쳐 놓은 돈을
한 장 한 장 세서 꺼내 준다.

마치 퇴락한 검객과
외상값 받으러 온 주막의 여인네 같다.

자빠져 있어도 사랑해
제1부 가족 이야기 《남편》

영계백숙

LA 나간 길에
외식을 했다.

나는 영계백숙,
남편은 항아리 수제비를 시켰다.

종업원이 음식을 가지고 와서 물었다.
"누가 영계예요?"

내가 영계라고 대답하니까
남편이 킥킥거리며 웃었다.
나도 웃음이 났다.

누가 영계인지
척 보면 아는 거 아닌가?

남편의 비전

남편이 말하길
자기의 비전은
나중에 딸의 아이를 봐 주는 것이라고 한다.

내가 말했다.
커다란 꿈을 꿔야지
꿈이 그게 뭐냐고.

딸이 한마디 보탠다.
자기네 개도 봐 달라고.

이 상황에
이 '개' 할 말인가.

감동이야

우리 가족을 위하여
커다란 게를 낑낑 해체하고 있는

남편에게 내가 말했다.
"노동하고 계시는군요."

남편이 말했다.
"사랑하고 있는 거야."

인생은 신비로워

캡슐 커피를 먹다가
요 며칠 원두커피를 갈아 먹는다.

커피 가루 흘리는 걸 싫어하는
남편의 눈치가 보인다.

내가 말했다.
"원두커피가 맛있기는 한데 흘리는 것이 불편해."

남편이 말했다.
"흘리는 것은 안 이상한데,
흘리고 안 닦는 사람이 이상해."

참 깔끔한 사람인데
마누라는 흘리는 여자를 얻었구나.

그것이 삶의 신비이자
인생의 뒤통수다.

멘트 학원 다니나 봐

오트밀을 먹고 있는 남편의 뺨에
뽀뽀를 하자마자

남편이 갑자기 재채기를 세게 한다.
알레르기가 있는 것 같다고 한다.

꽃 알레르기!
이런 달콤한 멘트,
들어 보신 분~?

꽃 알러지 때문에····

현실은 무거워

남편이 자면서
내 몸을 다리로 눌러

전화기 충전을 하러 갈 수가 없다.
충전을 해야 시를 읽을 수 있는데….

시를 읽기에
현실은 너무 무겁다.

내 손을 잡아 ~~!

당신이 소중한 이유

문밖에 내놔도
아무도 집어 갈 것 같지 않아서
제가 더욱 소중히 여기고 있어요.

오랜 세월
나의 손때 묻은 내 남편.

자빠져 있어도 사랑해
제1부 가족 이야기 《남편》

구구구

손에서 미끌!

땅콩 한 통을
통째로 쏟았다.

남편이 다가오길래
도와주려는 줄 알았더니

쪼그리고 앉아서
그걸 주워 먹는다.

동네 비둘기인가?

착각도 유분수

몸에 달라붙는 옷을 입고
기지개를 켜는데

남편이 넋을 잃고
쳐다본다.

아이참!
30년을 살고도 저러네.

그가 말한다.
겨드랑이 쪽에 구멍 났다고.

다시는 안 그릴게

새로 산 볼펜이 잘 나오는지
확인해 보려고

남편 손등에
하트를 그려 봤다.

그러자 남편이
자기를 다 가지란다.

하트 한번 잘못 그렸다가
다 뒤집어쓸 뻔.

우리 자리

남편 안경을 맞추느라 LA에 왔다.

1시간 걸린다고 해서 장을 보고 왔는데
아까 주차했던 자리가 아직 비어 있다.

남편이 말한다.
"우리 자리 아직 있다."

잠깐 주차했던 곳이 벌써
'우리 자리'가 되었네.

"우리 자리 계속 지킬까?"
그럼 집에 못 갈 텐데….

엄마 마음, 아빠 마음

내 앞에서 너무 천천히 가는
진로 방해 차가 있다.

자동적으로 열 받다가
우리 딸이라고 생각하니
"잘하네, 그렇게 살살~"

남편도 프린트 샵에 갔다가
바쁜데 버벅거리고 시간을 뺏는 직원을 만났지만,
아들이라고 생각하니 화가 싹 가라앉더란다.

그래.
엄마 마음 아빠 마음
세상에 가득하면
여기가 천국이겠네.

인생은 선빵이야

남편이 말했다.

너는 남들이 차마 하지 못하는
지 자랑을 아주 쉽게 하는 재주가 있다고.

왜 기다려야 하죠?
남들이 칭찬해 줄 때까지.

저는 먼저 확 해 버려요.
인생은 선빵이야!

제2부

가족 이야기
자녀

비교하지 않으려 해도

아무리 불러도 대답 없는
귀에 뭐 꽂은 아들딸과

혼잣말로 불러도
냉큼 듣고 달려오는 강아지를

비교하면
안 되겠지?

친절한 이유

컴퓨터 앞에 앉아 있는 나에게

저만치서
컴퓨터에 열중하고 있던 아들이
친절하게 묻는다.

"엄마, 귤 맛있는데 귤 먹을래요?"
"응. 먹을래."

"그럼, 냉장고에서 꺼내 오세요.
내 것까지 두 개."

엥??

그게 그렇게 되나

산호세에서 인턴으로 일하는 아들을 방문하여
온 가족이 샌프란시스코 여행을 마친 후
아들을 집에 데려다주는 길.

우리가 떠난 다음
곧 여기저기 사는 친구들이 놀러 온다길래
뭐 하며 놀 거냐고 물었더니…

아들: 글쎄요. 아마 집에서 게임하고 놀 것 같아요.
  나: 게임? 그럴 거면 각자 집에서 하면 되지,
      그걸 뭘 굳이 모여서 같이 하니?
아들: 그럼, 엄마는 각자 집에서 밥 먹으면 되지,
      왜 사람들하고 만나서 밥 먹어요?

온 가족이 빵 터졌다.

건강하게만 자라다오

'다시 한번
안아 볼 수 있을까?'

태어난 지 하루 만에
응급 수술을 받으러 들어가는 딸아이를

수술실로 들여보내며
내가 했던 생각이다.

예약된 모든 수술을 미루고
서둘러야 할 만큼 생사가 걸린 수술이었다.

그 딸이 지금 내 앞에서
숨 쉬고, 밥 먹고, 웃고, 짜증을 부린다.

내가 오늘
행복할 수밖에 없는 이유다.

얼마면 돼요?

인터넷 회사를 다른 것으로 바꿨다.
가격은 훨씬 저렴하면서도
속도는 더 빠르다는 광고를 보고 바꿨는데
써보니 말도 안 되게 느려서 이메일을 열면
줄넘기를 100번을 하고 난 뒤에야 열리는 상황이었다.

이때 우리 가족의 반응.

나: 시간이 지나면
       느린 것에 익숙해질 거야. (뭣도 없음)
남편: 회사에 전화해 봐야겠어.
       뭐가 문제인지…. (머리가 있음)
아들: 그냥 제일 비싼 걸로 바꿔요.
       얼마면 돼요? (돈이 있음)

이것은 아들이 과외를 시작해 돈을 벌면서부터
역전된 상황이다.

그게 아니꼽고 치사하다 생각하면서도
거부할 수 없는 아들의 카리스마에
빠져들고 있는 나를 느낀다.

자빠져 있어도 사랑해
제2부 가족 이야기 〈자녀〉

전화 좀 해

휴가 끝나고 아들이 직장으로 떠나는 날.

아들: 도착하면 전화할게요.
　나: 참! 도착하면 전화해.
아들: 방금 도착하면 전화한다고 했잖아요. ㅋ
　나: 그래, 도착하면 전화해. 전에 안 하더라.
아들: 알았어요. 전화할게요. ㅋㅋ
　나: 전화 좀 해. 전에 걱정했어.
아들: 전화한다고요. ㅋㅋㅋ

도돌이표 같은 대화를 끝으로 아들은 비행기 타러 갔다.

나이 들면 남의 말 잘 안 듣고
한 소리 하고 또 하고 한다더니…

내가 정말 그러네.

호떡 사기 사건

딸에게 만들어 달라고 할 거라면서
남편이 호떡 믹스를 사 왔다.
점심 식사 후 디저트로 먹기로 했다.

딸이 자기는 호떡을 만들어야 하니까
엄마는 식탁을 치우고
아빠는 설거지를 하라고 했다.

우리는 호떡 먹을 욕심에
부리나케 시키는 대로 했다.

그러고 나서 딸은 갑자기
약속 있다고 날랐고

금방이라도 해 줄 것처럼
호떡 박스를 살짝 뜯어놓은 것이
아직 현장에 남아 있다.

세상이 험한 것은 당연하다.
집안에서도 권모술수가 판을 친다.

자빠져 있어도 사랑해
제2부 가족 이야기 《자녀》

의미 있는 일

아들이 산호세에서 비행기를 타고 왔다.
집에 오자마자 피곤하다고 한다.
잠을 충분히 못 잤다고.

낮잠을 좀 자라고 하니까
자는 시간은 죽은 시간 같아서 아깝다고 한다.
평소에도 낮잠은 잘 안 잔다고.

자기는 의미 있는 일에
시간을 쓰고 싶다고 한다.

아들의 의미 있는 일이란
'게임'을 말한다.

나을 때까지

아들에게 감기약을 주었다.

하루에 세 번
나을 때까지 먹으면 된다고 했더니

아들이 말한다.

나을 때까지 먹으려면
물만 먹어도 낫는 거 아니냐고.

엄마는 매일매일

우리 딸이
내 페북을 보고 말한다.

"엄마는 뭘 그렇게
매일매일 깨달아?"

깨달았다고
혼나 본 사람?

엄마에게 달린 일

"소문난 효자가
되어 줄 수 있을까?"
라는 나의 질문에 대한

아들의 대답.

"엄마가
소문내기 나름이죠."

요 이쁜 것들

LA에 간 김에
붕어빵을 사 왔다.

아들 한 개, 딸 한 개,
각 방에 배달 가려다가
남편에게 물었다.

"당신도 한 개 가져다주고 싶어?"

남편이 고개를 끄덕인다.
딸에게 가져다주고 싶다고.

우리는 접시 한 개씩을 들고
각각 아이들의 방을 두드렸다.

딸은 나 닮고
아들은 남편 닮고

붕어빵 같은 녀석들이
오물오물 잘도 먹네.

우리들 빼다 박았네 ~ ♥

너무 길잖아

크리스마스에 아이들에게
매우 사이좋은 엄마 아빠를
선물로 주기로 했다.

아이들은
6개월 이상 유지해야
선물로 쳐 준다고 말한다.

걍 때려치우기로 함.

우르르 참견하기

딸이 춥다고 하니까
나는 옷을 더 입으라고 하고,
남편은 얇은 이불을 더 덮으라고 하고,
아들은 히터를 가지고 왔다.

셋이서 자신의 것을
어필하고 있으니

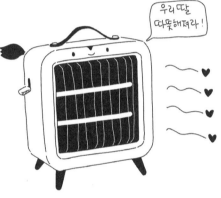

딸은
히터를 선택했다.
그리고 말했다.

자야 하니까
다들 나가 달라고.

공주님 방에
온 식구가 들이닥쳐
야단법석 시끌시끌거리다가
한꺼번에 쫓겨남.

따뜻한 컴퓨터

날씨가 쌀쌀하고
집안이 썰렁하다.

아들 방에 들어갔더니
그 방만 유독 따뜻하네.

아들 말로는 그 방에
따뜻한 사람이 살아서
그렇다는데

내 생각에는
컴퓨터가 많아서 그런 듯.

들이댈 걸 들이대야지

딸이 출근하려고 우당탕탕 나가더니
다시 우당탕탕 들어왔다.
차가 시동이 안 걸린다고.

내가 가서 걸어봐도 미동도 없다.
'이렇다 늦겠네.'
딸이 후다닥 남편을 불러왔다.

남편이 해 봐도 마찬가지였다.
갑자기 그가 외쳤다.
"이 차 키가 아니잖아~!"

아빠 차 리모컨을 가지고
지 차에 들이대니 꼼짝도 안 하지.

아이고~! 쟤 정말 왜 저래….
시트콤이 따로 없네.

너도 늙어 봐라

블라우스 단추가 떨어졌다며
달아 달라고 딸이 말한다.

밤이라 어두우니
낮에 달아 주겠다고 했다.

딸이 깔깔깔 웃으면서
엄마는 동굴에 사냐고 말한다.

밤이라도 불빛이 이렇게 환한데
뭐가 어둡냐고.

밤이 되면 가물가물
눈이 피곤해지는 늙은이의 세상을

니가 알아? 니가 달아!

자빠져 있어도 사랑해
제2부 가족 이야기 《자녀》

라떼는 말이야

아들이
수동으로 손이 많이 가는
커피 메이커를 사 놓고

맛있는 라떼 맛을 보여 준 후,
바쁘다고 안 만들어 준다.

엄마 것 만들 때
자기 것도 만들어 달란다.

신종 사기인가?

자식아, 그러면 안 돼.
라떼(나 때)는 안 그랬거든!

드라마를 많이 보더니

딸이 엄마는 너무 힘들 때
어떻게 극복하냐고 묻는다.

자기는 스스로를
드라마의 주인공이라고
생각한다고.

드라마의 주인공은
많이 고생하고 일이 꼬일수록
나중에 더 잘된다고….

오! 좋은 방법이다!
나도 써먹어야지!

우와 …
망했다 …
엄마나
잘되려고
이럴까 …

자빠져 있어도 사랑해
제2부 가족 이야기 《자녀》

깜빡이가 시키는 거라고?

왼쪽 깜빡이가 움직이면
왼쪽으로 가면 되고

오른쪽 깜빡이가 움직이면
오른쪽으로 가면 되니까

운전하는 것은
참으로 쉬운 거라고 생각했단다.
우리 딸이 어릴 때.

깜빡이가 시키는 대로
엄마 아빠가 간다고 생각했다니

너무 기발해!

제니보다 제니 개

제니처럼 살고 싶냐고
딸에게 물어봤더니

제니 말고
'제니 개'처럼 살고 싶다고 한다.

사람들에게 욕도 안 먹고
넓은 집에서
얼마나 좋은 사료를 먹고 살겠냐고.

그렇다면
이름을 바꿔 줄까?
'쟤 니 개'라고.

자빠져 있어도 사랑해
제2부 가족 이야기 〈자녀〉

화환인가 조화인가

"장례식에 보내는 꽃은
화환이 아니고 보통 조화라고 해."라고
아이들에게 말해 줬더니…

"장례식장이 개업하는 날에
꽃을 보내면
그건 화환이죠?"라고
묻는 녀석이 있네.

공부나 해

우리 딸은 만약 토크쇼에 나가면
유재석, 신동엽, 김구라 …

이 순서대로
나갈 거라고 한다.

잘 받아 주는 사람부터
적응해 나갈 거라고.

천재다. 얘는.
쓸데없는 계획 세우는 것에.

수학과 인생

수학적인 머리를 타고난 울 아들이
예쁜 머리카락을 가진 우리 딸에게
수학을 가르치다 때려치운 이유는

척 하면 답이 보여야 하는데
일일이 설명해 줘야 하는 것이 귀찮고,
설명해 줘도 못 알아듣는 것뿐만 아니라
지가 도리어 신경질을 부린다는 것 때문이었다.

나는
수학을 잘하는 아들은 기특하고
수학을 싫어하는 딸은 귀엽다.

하지만 수학을 큰 노력 없이도 잘하는 아들보다는
어렵고 하기 싫은 수학을 잘하고 싶어서 노력하는 딸이
할 말은 훨씬 많을 거라고 생각한다.

한마디로 서사가 있는 것이다.
나에게서 인생은
딸에게서 수학과 같은 것이다.

수학과 인생

자빠져 있어도 사랑해
제2부 가족 이야기 《자녀》

약자 편

"나중에 결혼해서
엄마랑 와이프랑 싸우면
누구 편을 들 거야?"

아들이 말했다.
"약자 편을 들어야죠.
근데 아무래도 제 와이프가 약자겠죠?"

참고로 이 녀석은
엄마와 아빠가 싸우면
주로 아빠 편을 든다.

괜찮은 미용실

미용실 가기 너무 귀찮아하고 있는데
괜찮은 곳을 발견했다.

넘어지면 코 닿을 곳에 있고
신장개업이라 그런지
미용사가 친절하고 진지하다.

손님은 항상 나 혼자라
아무 때나 가도 기다리지 않아서 좋다.

오늘 머리 커트했는데
완전 맘에 든다.

미용비 외에 팁을 듬뿍 줬는데
전혀 아깝지 않다.

다만 청소는 좀 도와줘야 하고
머리도 내가 감아야 한다.

미용실 이름은 "유니스 살롱"이고,
유니스는 내 딸이다.

엄마 노릇 힘들어

딸이 고등학교 졸업반 댄스파티인
'프롬'을 간다.

자줏빛의 인어공주 같은 드레스를 샀는데,
너무 길어서 줄이려고 세탁소에 갔더니
무려 30불(약 4만 원)을 달라고 한다.

너무 비싼 것 같아서
내가 직접 낑낑 몇 시간에 걸쳐서
자르고 꿰매고 했는데

낮잠 자고 일어난 딸이
지금보다 조금 더 길었으면 좋겠다고 한다.

그럼, 다시 뜯어서
조금 길게 해 주마 약속했는데…

바느질도 힘들고
30불 벌기도 힘들다.
엄마 노릇 정말 힘들다.

나도 낮잠 자고 일어나면
우리 엄마가 다 해 놓았으면 좋겠다.

엄마 노릇 힘들어

자빠져 있어도 사랑해
제2부 가족 이야기 《자녀》

아들과 딸

뭘 사 준다고 하면

아들은
뭐든 괜찮다고 하고

딸은
뭐라도 더 산다.

아들은
부모를 배려하고

딸은
부모를 믿어 준다.

신종 사기

우리 딸의 방이
한쪽은 깨끗하고 한쪽은 지저분하다.

딸이 나에게
지저분한 공간을 엄마에게 무료로 주겠으니
엄마의 그 방을 청소해 달라고 한다.

일단 싫다고 했는데
내 방이라니까 청소해 볼까 하는 생각도 든다.

신종 사기 수법을 개발했네.
얘가.

순서가 중요해

"착하고 똑똑하고 예쁜 여자를 소개시켜 줄까?"
라고 아들에게 물었다.

"글쎄요."라는 대답이 돌아온다.

뭐가 문제냐고 물어보니까
순서가 문제라고 한다.

"예쁘다"라는 말이 맨 뒤에 나와서
불안하다고.

너는 참
빈틈없는 아이로구나.

중요한 질문

내가 아들에게 물었다.
"쥐포 먹으면 살쪄?"

아들이 말했다.
"얼마나 먹을 건데요?"

허걱…
생각지도 못한 질문이다.

요구 사항이 많아

남편은 자상하고 멋지게
써 달라고 한다.

딸은 예쁘고 귀엽고 착하고
똑똑하게 써 달라고 한다.

아들은 자신이
마마보이가 아닌데
왜 그렇게 쓰냐고 한다.

언론 탄압 무섭다.
이 글도 용기 내어 쓴다.

그냥
남들이
쓰세요 …

빨리 일어나

늦잠 자고 있는 아들을 깨우며
내가 말했다.

"아들, 성공한 사람들의
한 가지 공통점이 뭐라고?"

잠결에 아들이 말한다.
"훌륭한 어머니가 있는 것?"

어제는 성공하려면
제시간에 자고
제시간에 일어나야 한다더니

일어나기 싫으니까
엄마한테 떠넘기네.

장하다! 우리 딸

우리 딸이
엄마 아빠 결혼기념일이라고
가족에게 밥을 샀다.

학생이라 돈도 없을 텐데
고맙고, 장하다.

다음 날, 이 딸이
핸드백을 사달라고 한다.

몇 달 동안 찍어 둔 것이라고 하니,
얻어먹은 것이 있어서 사 주고 말았다.

역시 우리 딸은 장하다!
생활력 강해~!

할 말이 그것밖에 없니?

결혼 30주년이
되었다고 하니까

아들은 그러냐고 하고
딸은 잘했다고 한다.

남의 결혼기념일에
이렇게 말하는 사람들도
없지 않나?

말 되네

영부인이 되기에 엄마는
너무 늦었다고
아들이 말한다.

'영부인이 되기에 그렇게 늦었을까?' 하고
생각하는 순간!
얘가 덧붙인다.

아무래도 엄마가
'영' 부인은 아니지 않냐고.

아들 한 번, 딸 한 번

우리 아들이 선물 받은 식물과
우리 딸이 선물 받은 식물,

지네들은 거들떠보지도 않고
내가 물 주고 보살핀다.

그래도
아들 한 번 물 주고
딸 한 번 물 주는
엄마의 마음이 된다.

제3부

인생 이야기
사람

따뜻한 약력

어느 분의 시집을 읽었다.

본인의 '약력'에
자신이 다닌 학교를 초등학교부터 쭉 쓰고
경비로 일하는 직업도 쓰고

덧붙이기를
"부모님 모심"이라고 썼다.

약력에 "부모님 모심"이라고 쓴 것은
처음 본다.

이렇게 소박하고 따뜻한 약력을
많이 보고 싶다.

무서운 사람들

수학 시간에
수학 공부하는 학생은 무섭다.

농구장에서
농구하고 있는 선수는 무섭다.

부엌에서
밥하고 있는 엄마는 무섭다.

꼬박꼬박
출근하는 아빠는 무섭다.

배고프면
앙앙 울어대는 아가는 무섭다.

그들은
세상에서 제일 무섭다는

'지 할 일 하고 있는 사람들'이다.

내 모습 그대로

내 모습 그대로
다른 사람을 대하지 않았을 때
가장 큰 손해는

내 모습 그대로
나를 사랑해 주는 사람 만날 기회를
놓친다는 거예요.

둘 다 도움 돼

어떤 문제가 생겼을 때

"에고, 어쩌냐…" 하며
공감해 주는 친구가 있고,

공감이고 뭐고
실질적인 해결책부터
물어다 주는 친구가 있다.

전자는 상담실 선생님 같고
후자는 욕쟁이 할머니 같다.

둘 다 내게 고마운 사람.

젠틀맨과 나쁜 남자

블라인드로
창을 가려 놓으면

햇빛은
밖에서 서성이는데

바람은
막 밀고 들어온다.

젠틀맨과 나쁜 남자의
차이라고나 할까.

주인공은 소중해요

영화 등장인물에서
주인공은

그가 말을 많이 하든, 적게 하든,
높은 지위에 있든, 낮은 지위에 있든,

돈이 많든, 적든,
이성에게 인기가 있든, 없든,

그 영화에서
제일 중요한 인물이다.

각자의 영화에서 주인공인 우리 자신에게
지금의 이 모습 그대로가
소중한 이유다.

돌직구와 안 돌직구

돌직구로 말하는 사람은
정확하게 전달하려는 사람이고

돌려서 말하는 사람은
아프지 않게 전달하려는 사람이고

돌직구로 말했다가, 돌려서 말했다가
하는 사람은

정확하게 하려니
사람이 걸리고

아프지 않게 하려니
일이 걸리는 사람 같다.

자빠져 있어도 사랑해
제3부 인생 이야기 《사람》

영어를 잘하는 사람은

영어를 잘하는 사람은
발음이 좋거나
표현이 풍부한 사람이라기보다는

못 알아들었을 때
다시 천천히 말해 달라고
말할 수 있는 사람이라고 해요.

정말 그래요.
자신이 못하는 그 무엇이 아니라
자신이 꼭 해야 할 일에 중점을 둔다면

영어가 아니라
말을 못해도
그것이 걸림돌이 되지는 않겠죠.

인생이시여!
천천히 다시 말해 주세요.

물어보고 또 물어보더라도
나는 당신을 결코
포기하지 않겠습니다.

일취월장

내가 얼마나
일취월장하는 사람이냐면!

몇 주 전에 산 옷이
벌써 작다.

우물 안 개구리

우물 안 개구리도
미치도록 행복할 것 같다.

그 안에서
사랑하는 개구리와
둘이 함께 있다면…

선물

치사하고, 더럽고, 겁이 많고, 음흉하고,
냉정하고, 머리 나쁘고, 탐욕스러운 것이
'좋은 사람'에게도 있다.

소탈하고, 유머 있고, 정이 많고, 따뜻하고,
점잖고, 똑똑하고, 정직한 것이
'나쁜 사람'에게도 있다.

누군가를
좋은 사람과 나쁜 사람으로 딱 잘라 구분했다가
우리가 뒷통수를 맞는 이유다.

우리는 단지
그가 나에게 보여 주기로 한
작은 부분만 볼 수 있을 뿐이다.

사람들과 만나는 일은
선물 받은 초콜릿 상자 속에서
초콜릿 한 개를 집어 드는 것과 같을지도 모른다.

달콤할 줄 알았는데 씁쓸하고,
씁쓸한 줄 알았는데 달콤하고,
얌전한 줄 알았는데 알딸딸한 것들과 만나게 되지만

중요한 건 그것이
'선물'이라는 사실이다.

꽃은

꽃은
서로 경쟁하지 않는데,

꽃을 산 사람들은
서로의 꽃을 견주어 본다.

메롱

좋은 사람으로 보이고 싶은 욕심에서
벗어날 수 있다면 얼마나 자유로울까요?

그래서 저는 이제부터
나쁜 사람으로 보일 거예요.

사실은…
원래 나쁜 사람이에요. 메롱~!

있는 모습 그대로

겸손한 사람은
남에게 잘 보이기를
원하는 사람이 아니라

자신의 모습 그대로 보이기를
원하는 사람이라고 한다.

글을 잘 쓰는 사람도
남에게 감동을
주려는 사람이 아니라

자신의 생각이 제대로 표현되었는지를
점검하는 사람인 것 같다.

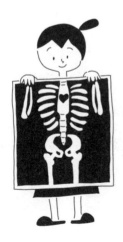

자빠져 있어도 사랑해
제3부 인생 이야기 《사람》

안 변해서 좋은 점

사람은 참 안 변한다고
한탄을 하다가 문득

그러면 좋은 사람들도
그대로 있겠구나 싶어서 안심이 된다.

고마워요.
지구를 지키는 좋으신 분들!

어느 엄마 아빠의 아기들

목을 가눌까,
앉을까, 걸을까
말할까, 혼자서도 잘할까…

두근두근 조마조마
엄마 아빠의 새가슴을 딛고
자라난 사람들이

바로 내 앞에 있는
그대들이었어요!

그러고 보니
차마 미안해서

미워할 수 없는
당신이네요.

살아 내느라

퉁명스럽고
괴팍한 사람을 보면

해풍을 이겨 내느라
뒤틀린 소나무처럼

힘겨운 삶을
살아 냈나 싶다.

한 얘기 또 하는 이유

같은 얘기,
하고 또 하는 사람
별로였는데

어느 순간 그것도
능력이라는 생각이 들었다.

그에게 중요한 이야기라면
한번 해 보고 마는 것이
더 이상한 일 아니겠는가.

너나 잘하세요

남을 컨트롤하지 못해
안달 난 사람이 있다면

일단 자기 자신은
컨트롤하지 못한 걸로.

한눈팔래요

"전쟁 중에도 꽃은 핀다"라는
말이 있다는 것은

전쟁 중에도
꽃이 피어 있는 것에
눈길을 준 사람이 있다는 것인데

전쟁 같은 일상에서도
아름다움에 한눈파는 사람이 될래요.

세 사람

나는 밑줄 친 책을
빌려 읽는 것을 좋아한다.

책을 펼치는 순간
작가와 줄 친 이와 나!

세 사람의 대화가
시작되는 것이다.

내가 좋아하는 사람은

내가 좋아하는 사람은

살짝 가난하고
살짝 바보 같고
살짝 쓸모없고

은근 지적이고
은근 유머 있고
은근 확고하며

많이 외로운 사람.

이런 사람은
자진 신고하시고
저랑 놀아요.

절대 손해 보지 않는 사람은
사절입니다.

자빠져 있어도 사랑해
제3부 인생 이야기 〈사람〉

격려해 주는 사람

격려해 주는 사람을
만나는 것은

예쁘게 보이는
거울을 보고 있는 것과 같다.

들키면서 삽시다

금방 들킬
거짓말하는 사람이 좋고

대놓고
자랑질하는 사람이 좋고

어설프게
멋진 척하는 사람이 좋다.

다 보이는 바보가
얼마나 안심스러운지….

감쪽같은 사람은
만나고 싶지 않다.

자빠져 있어도 사랑해
제3부 인생 이야기 《사람》

누가 더 좋냐면

설렁설렁해 보이는데
꼼꼼한 사람이 있고

꼼꼼해 보이는데
설렁설렁한 사람이 있다.

난 둘 중에
나 좋다는 사람이 좋다.

나랑 안 맞는 사람

누구에게나
배울 점이 있다는 것은 정말이다.

특히 나랑
잘 안 맞는 사람일수록

그는 내게 없는 것을
가지고 있을 확률이 크다.

자빠져 있어도 사랑해
제3부 인생 이야기 《사람》

입에 발린 소리

입에 발린 소리
안 하는 사람이 있다.

"피곤해 보인다."
"화장이 떴다."
"살 좀 빼라."
"그 옷 안 어울린다."

이런 사람들은
입에 발린 소리를 좀 해야 한다.

옆집 언니

옛날에 우리 옆집에
나보다 몇 살 많은 언니가 살았는데

음식을 할 때마다
우리 집에 꼭 가져다주었다.

열심히 만들었는데
매번 맛이 없었던 것이 인상적이었다.

하지만 음식을 줬던 사람 중에
그 언니가 제일 생각난다.

잘하고 못하고에 붙들리지 않고
줄 만한지 아닌지에 묶이지 않고
좋아할까 싫어할까에 잡히지 않고

주고 싶은 그 마음만 따뜻하게 품에 안고
"맛은 잘 모르겠는데, 한번 먹어봐." 하고
다가갈 수 있는 용기!

타인에 대한 그 '용기'가
하루에도 수십 번 나에게 필요하기 때문이다.

영혼을 치유했던 의사 선생님

첫 아이를 낳고 3주가 되어서
BCG 예방 접종을 하러 보건소에 갔더니

아이의 심장 소리가 이상하다며 큰 병원으로 가라고 했다.
큰 병원에 갔더니 더 큰 병원으로 가라고 했다.

종합 병원 소아외과에서 검사 결과,
심장에 구멍이 3개 있다고 했다.
병명은 심실중격결손.

초보 엄마인 나로서는 심장이 멎을 일이었다.
정신이 반쯤 나간 나에게 담당의가 했던 말이 아직도 생각난다.

"이것은 엄마의 잘못도 아니고, 아빠의 잘못도 아닙니다.
한 생명이 잉태되어 탄생하기까지
헤아릴 수 없이 많은 단계를 거칩니다.
그중에 뭐 하나가 잘못될 수 있는데
그런 일 중의 하나일 뿐입니다.
저절로 닫히는 경우도 있으니까 일단 기다려 봅시다.
그때 가서 안 되면 수술합시다."

그 의사 선생님은
이 문제가 누구 때문인지 묻기도 전에
엄마의 잘못도 아니고 아빠의 잘못도 아니라고
다정하지만 단호한 목소리로 말해 주었다.

혹시라도 내가 뭘 잘못해서 생긴 일이 아닐까,
자책할 수 있는 엄마의 마음을 헤아렸던 것 같다.
그 말은 두려움에 떠는 내 어깨를 따뜻하게 토닥여 주었다.

심장의 구멍은 몇 달 후 저절로 닫혔고
아이는 별 탈 없이 자라 주었다.

나는 지금도 어떤 일이 생겨서
두려움에 휩싸일 때 그분의 말을 떠올린다.

"누구의 잘못인지에 매이지 마십시오.
한 인생이 태어나서 죽기까지에는
이루 헤아릴 수 없는 많은 과정을 거칩니다.
그중에 무엇 하나가 삐끗할 수 있고
이것은 그런 일 중의 하나일 뿐입니다.
일단 잠잠히 기다려 보고
안 되면 다른 방법을 써 봅시다."

이분은 지금도 나를
치유하고 계신다.

얄미운 것들

너무 예쁜 것들은
신뢰가 안 간다.

인생을 날로
먹으려는 것 같다.

이런 관리

한국에 있는 남동생은
두 달에 한 번씩 헌혈하는데

깨끗한 피를 유지하기 위해
술 담배를 안 하고
음식을 구별해서 먹는다고 한다.

남한테 주기 위해서
자기 몸을 관리하다니,
생각지 못한 라이프 스타일이다.

내게는 아직 꼬맹이로 보이는데
잘 컸네.

조건 없이 주기 위해
자신을 관리한다는 것은

최고의
매니지먼트 전략 같다.

자빠져 있어도 사랑해
제3부 인생 이야기 《사람》

의외로

의외로
젊은 사람들이
너그럽고

늙은 사람들이
이해심이 없다.

살면서 이해심을
다 써 버렸나 보다.

아무것도 모르면서

회사에서 뭔 일이 있었는지
학교에서 뭔 일이 있었는지
아무것도 모르면서

쓸데없이
밥 먹었냐고 물어보는
어머니, 아내야말로

우리를
살아가게 하지요.

몰래몰래

운전을 하다가
빨간불에 섰다.

거울을 보니
아이라이너가 묻어서

떼어 내고 있자니
신호등을 볼 수가 없었는데

믿는 구석은 있었다.

옆 차가 움직이면
나도 가면 된다.

따로따로 사는 것 같아도
우리는 몰래몰래 서로 의지한다.

내 속도로 가는 법

너무 빨리 가려는 사람한테
욕을 좀 먹고

너무 늦게 가려는 사람에게도
욕을 좀 먹으면

나만의 속도로
갈 수 있어요.

왜

왜
사랑하면
일상이 궁금한 걸까?

왜
일상을 함께하면
사랑하기 어려운 걸까?

위인들이 천지다

위인전을 읽을 것도 없이
내 주위에 위인들이 천지다.

약속했다 하면 지키는 사람,
주변이 항상 깨끗한 사람,
항상 부지런히 몸을 움직이는 사람,
깊이 생각하고 말하는 사람,
음식을 잘하고 잘 먹이는 사람,
나타나기만 하면 주위를 웃기는 사람,
자기 몸을 잘 챙기는 사람,
숙제를 꼭 하는 사람,
일의 핵심을 잘 짚는 사람,
기상천외한 사람,
남의 흉을 안 보는 사람,
잘 넘어가 주는 사람 …

하나하나 떠오르는 그들은
나의 스승이요, 멘토며, 위인이다.

언제든지 옆에서 보고 배울 수 있는
살아 있는 교과서이다.

내가 그들에게
다른 면에서도 완벽할 것을
기대하지만 않는다면.

말이 안 되니

영어 못하는 사람이
영어로 말하고

한국말 못하는 사람이
한국말로 말하면

그 사람의 진실을 들을 확률이
높다고 한다.

'말이 안 되니, 뭐 어쩌겠나,
진실이나 나올 수밖에….'

라는 것은
나의 해석이다.

자빠져 있어도 사랑해
제3부 인생 이야기 《사람》

식사 한번 하자는 사람

"조만간 식사 한번 합시다." 하고서
감감무소식인

소위 빈말하는 사람들을
나는 나쁘게 보지 않는다.

그 순간 그 마음은
진심이기 때문이다.

다만 행동력이 약간
부족할 뿐.

근데 그럴 수도 있지 뭐.

감사합니다

어느 분이 말씀하셨다.
내 글을 읽으면
집에 온 것처럼 편안하다고.

또 다른 분이 말씀하셨다.
내 글에서
살아갈 힘을 얻는다고.

그 말씀을 들으니
편안하다.
살아갈 힘이 생긴다.

자빠져 있어도 사랑해
제3부 인생 이야기 〈사람〉

인생 이야기
삶

성공해 봤자

성공해 봤자

좋은 사람들하고
맛있는 거 먹고

발 뻗고 자는 거보다
더 좋은 게 있겠나.

성공하기 전에
이거부터 하면서 기다리자.

행복하다는데

송사(訟事)가 난무하는
세상이지만

돈과 명예, 외모와 능력,
심지어 건강이 없이도
나는 이대로 행복하다는데

그런 법은 없다고
소송 걸 사람은 없을 테지….

그럴 거면 지금부터

어차피
지나고 나면

축복이었다고 할 것이
뻔하니까

차라리
지금부터 감사하자.

괜히

'아깝게 괜히 잘해 줬나?'
'쓸데없이 괜히 잘해 줬나?'
'영양가 없이 괜히 잘해 줬나?'
'난 줄도 모를 걸 괜히 잘해 줬나?'
'좋아하지도 않는데 괜히 잘해 줬나?'
'고마워하지도 않는데 괜히 잘해 줬나?'
'돈 버려 시간 버려 신경 써 괜히 잘해 줬나?'

하고 생각이 들 때,
후회하지 마십시오.

"괜히"를 빼면
그건 사랑이 아닙니다.

비즈니스일지도 모르지요.

배려

나를 우습게 볼 수 없도록
만드는 것은

그 사람에 대한
배려이다.

누군가를 하찮게 생각하는
그의 마음은

결코
행복하지 않기 때문이다.

자빠져 있어도 사랑해
제4부 인생 이야기 《삶》

별것도 아닌 것이

빛을 비추는 순간
후다닥 사라지는 것을 보면

열등감은
바퀴벌레 같은 것인가 보다.

안 되면 되게 하라

글래머가 되는
가장 빠른 방법은

작은 옷을
겨우겨우 입는 것이다.

어쨌든
삐져나오면 되는 거 아니겠어?

위기관리의 문제점

위기관리 능력은
꼭 위기 때만 발휘할 수 있다는 것이 문제다.

그때만 아니라면
정말 쿨하게 관리할 수 있는데…

대국민 사기극

옛날에 그런 생각을 한 적이 있었다.
'연료가 있어야만 차가 움직일 수 있다'는 사실은
대국민 사기극 같은 것이 아닐까 하는….

사실은 연료가 없어도 움직이는데
떨어지면 못 간다고 하도 세뇌를 당해서
우리가 맨날 채워 놓는 것은 아닐까 하고….

직접 실험해 보기로 했다.
연료 표시에 들어오는 빨간불을 무시하고서
떨리는 마음으로 하루 이틀 사흘을 다녔다.

'역시 나의 추측이 맞는 걸까?' 하던 차에
결국 남편이 기름통 들고 고속도로로 출동하는 일이 벌어지고 말았고,
나의 실험도 종결되었다.
(참고로 차가 갑자기 멈추는 것이 아니라 덜덜덜 떨면서 비실비실 힘이 빠져요.)

아직도 그 병이 없어지지 않아서
문득 '늙으면 죽는다'는 사실도
사기극이 아닐까 하는 생각이 들기도 했지만,
(나를 속이기 위해 온 인류가 힘을 합쳐 몰래카메라를 해왔다든지)

그런 건 아닌 것 같다. 왜냐하면,
일단 흰 머리와 노안과 기억력 감퇴와 괴팍해짐 등
육체와 정신이 쇠하여짐을 고스란히 느끼고 있기 때문이다.

늙는 것도 맞는 얘기니
죽는 것도 맞는 얘기겠구나 싶다.

에라, 그건 그때 얘기고
늙는 것도 서러운데
일단 오늘은 맛있게 먹고 재밌게 살자.

기름도 어제 잔뜩 채워 놓았으니….

지나야

지나고 나면
모두 아름답고 그리운 추억들

지나야
그리되니까…

저는 지금
지나고 있지요.

당신이 먼저

상상만 해도 즐거운 일들을
하나씩은 가지고 있지 않을까요?

그런데 왜 상상만 합니까?
저지르세요!
한 번뿐인 인생입니다.

당신이 먼저 하세요.
저는 어떻게 되는지 보고
그다음에…

꼬여도

이어폰 줄이 꼬여도
멜로디는 흘러나온다.

뭐가 꼬여도
인생은 아름다운 것!

들어 보지 않으면 모르는 것들

사람이 자기 자신에 대하여
그다지 나쁘게 생각하지 않는 이유는

스스로가 하는 이야기를
많이 들었기 때문이다.

우리 동네 중국집 아줌마가
손님이 와도 보는 둥 마는 둥
맨날 뚱한 표정을 짓고 있다고
뒤에서 엄청 욕하다가

사실은, 다 키운 자식을 잃고
넋이 나가서 그렇다는 얘기를 듣고
맘이 확 풀리는 것과 마찬가지이다.

우리는 서로의 이야기를 좀 들어야 한다.

다행이다

젊은이들이
늙은이들의 삶을

멋지다고 생각하지 않아서
다행이다.

어떻게 얻은
이 늙음의 자리를

젊은것들과
경쟁해야 했을 테니…

나이가 들면

나이가 들면…

온화하고, 너그럽고,
지혜롭고, 무욕하고,
겸손하고, 덜 먹을 것이라
기대하지 말지어다.

만약 나이 든 누군가
그러하다면
그는 젊었을 적에도 그러했으리라.

지금 이상한 사람은
후일 더 이상해지고

지금 괴팍한 사람은
더욱 괴팍해지리니

시간에 미루어 두지 말고
오늘은 오늘 치의 덕을 쌓을지어다.

습관 되지 못한 것이
늙었다고 갑자기 생길 리
만무하기 때문이다.

(늙어 가는 나에게)

세계 최대 감옥

정말 잘 지어진 감옥,
'열등감'

다른 사람의 손을
빌릴 것 없이

스스로
잘 가두고 있지요.

4분과 4시간

너무 하기 싫은 일을 하면서
시간을 재 봤더니
4분 걸렸다.

4분 하기 싫어서
4시간 머릿속에 담고 있지 말자.

핸들과 액셀

운전을 하다가
깨닫게 되었다.

핸들을 아무리 잘 잡아도
액셀을 밟지 않으면 나아갈 수 없다는 것을…

여기서 핸들은
삶의 '방향'이고,

액셀은
그렇게 살아갈 '용기'이다.

친구랑 놀아

운전을 하다 보면
표지판 위에 조르르 모여 있는 새들을 보게 된다.

그중에
멀찌감치 홀로 있는 한 마리는
항상 내 마음을 아프게 한다.

강력 본드

오랫동안 차곡차곡 쌓여 온 것이
쉽게 무너지지 않는 까닭은

'매일'이라는
강력 본드의 힘이다.

마침표, 물음표, 느낌표

마침표가 생각했습니다.
'나도 하고 싶은 말이 많은데, 할 수가 없구나.
나는 마침표니까.'

물음표가 생각했습니다.
'나도 깨달은 것이 있는데, 묻기만 해야 하는구나.
물음표라고 꼭 그래야 해?'

느낌표가 생각했습니다.
나도 궁금한 것이 많은데, 아는 척만 해야 하는구나.
느낌표니까!

배신하지 않는 것

배신하지 않는 것은
운동, 청소, 강아지

운동은 했으니
나 자는 사이에
강아지가 청소해 줬으면…

소통이란

소통이란 위험한 것이다.

그가 나에게 동의하지 않고
내가 그에게 동의하지 않을 수 있는
위험을 무릅쓰는 것이다.

심지어 서로 적이 될 수도 있는 돗자리를
내 손으로 까는 것이다.

그래서 한동안
사람에게 마음을 닫아 본 적도 있었으나
다시금 소통의 위험을 감수하고 있는 것은

나를 보호하고 있는 동안에
성장은 일어나지 않기 때문이다.

그리고 또한 자주
당신으로 인해
따뜻해지기 때문이다.

자빠져 있어도 사랑해
제4부 인생 이야기 《삶》

스마트해진 시간

스마트폰을
깜박 두고 나간 몇 시간 동안

내가 좀
스마트해진 것 같다.

내 머리로
생각을 많이 했다.

삼 형제

감정은
귀여운 막내 같고

지식은
똑똑한 둘째 같고

의지는
든든한 장남 같다.

명사인데

분명 명사인데
동사처럼 느껴지는 단어가 있다.

그것은
'용기'

요리와 인생

얼마 전에
어느 요리 고수를 만났는데

요리에서 중요한 것으로
불의 세기와 재료를 넣는 순서를 꼽았다.

모든 궁극은 통하니까
대입을 해 보면

인생에서 중요한 것은
열정과 우선순위가 아닐까.

자빠져 있어도 사랑해
제4부 인생 이야기 《삶》

행복이란 2

맛있는 거 먹으면서 TV 보기,
좋은 사람과 그냥 있기,
좋아하는 음악 듣기,
쇼핑하다 득템 했을 때,
좋아하는 향수 뿌렸을 때,
달게 자고 일어났을 때,
커피숍 창가에서 책 읽을 때,
아침에 커피 한 잔,
물 받아 목욕하기,
강아지 목욕시키기,
화분에 물 주기,
산책하기,
저녁밥 안 해도 되기 등등

이런 것이 행복이래요.
어쩜 이렇게
돈 드는 것이 없을까요?

제가 분명히
전달해 드렸사오니
먼 훗날, 당최 뭐 들은 바 없어서
행복하지 않았노라,
하시기 없기.

재능이란

"저는 재능이 없어서
애를 써야 겨우겨우 그 일을 할 수 있어요."
라는 나의 말에서

"애를 쓰면 할 수 있다는 것이
바로 재능이지요.
재능이 없으면 아무리 애를 써도
그렇게 할 수는 없어요."
라고 말해 주신 분이 있는데

문득문득 힘이 된다.

설마

진리는
너무 단순해서

그렇게 오랫동안
찾아 헤매게 하는 것은 아닐는지.

설마
이걸까 싶어서…

혼자서도 돌아요

얼마 전에 어느 분이
이야기 끝에

"세상은 내가 없어도 돌아가고
내가 있어도 돌아가요."라며
걱정하지 말라고 하셨다.

그 말을 듣는 순간
어찌나 자유롭던지…

세상도 이제 다 컸나 보다.
저 혼자 도는 걸 보니…

부추김은 위험해

밤새도록
미스코리아 출전 준비하느라
진을 빼고 꿈에서 깨어났다.

그 출전은,
나는 싫다고 싫다고 하는데
주변 사람들의 끈질긴 부추김에 의한 것이었다.

아무리 예뻐도 그렇지
나는 미스(Miss)가 아니란 말이다.

오늘 하루
쓸데없는 부추김을 조심해야겠다.

있는 걸로 알콩달콩

인생은
없는 것을 찾아 헤매기에는
어림없이 짧지만

있는 것을 알콩달콩 누리기에는
충분히 길다.

자빠져 있어도 사랑해
제4부 인생 이야기 《삶》

시는 안전해

확실히
시를 들으면서 운전하면
속도가 느려진다.

전에
댄스 음악을 들으면서 운전할 때는
경찰이 따라왔다.

즐겨 버리기

햇살은 즐기면서
뱃살은 못 즐기랴

에헤라디야~!

부서져서

부서져서
향기롭구나!
너는…

(원두커피를 갈면서)

풍만한 인생

신혼여행 때 입었던
쪼끄만 수영복을 가지고 있다.

세월이 흘러 흘러
그런 빈약한 것에 담기에는
내 인생이 너무 풍만해졌다.

맛있는 김치 판별법

제가 발견한
'맛있는 김치' 판별법이 있어요.

김치찌개 하기 아까우면
그런 거예요.

성공이란

뭐니뭐니 해도
인생의 성공은
자식이 잘되는 것이라고 한다.

그런데
자식이야말로
내 맘대로 안 되는 것의 대표 선수니

말하자면 성공이란
내 맘대로 되지 않는 것!

그냥
맘 비우고 살기로 한다.

(맘 비우는 것 성공하기)

자빠져 있어도 사랑해
제4부 인생 이야기 《삶》

밥할 준비

남의 생각뿐 아니라
내 생각도 걸러야 하리.

눈 뜨자마자
문득문득 쌀뜨물 같은 생각들,

버리고 또 버려
맑은 물이 나올 때까지

그제야
'삶'이라는
오늘 치 밥을 할 준비가 되는 것.

골라 먹는 사랑

사랑이란

믹스너트 통에서
딸이 좋아하는
캐슈너트 말고

남편이 좋아하는
아몬드 말고

나머지를
찾아 먹는 것.

사랑이 제일

머리를 짜내어 하는
모든 수고보다

사랑으로 하는 일의
결과가 아름답다.

'사랑'이 제일
똑똑해.

캠핑

인생이 짧은 캠핑이라면
남편은 캠핑장에서 눈맞은 오빠.

그 오빠랑 힘을 합쳐 텐트도 세우고
나뭇가지 모아서 모닥불도 피우고

김치찌개도 끓이고
카레라이스도 해 먹고

아옹다옹할 때도 있지만
금방 갈 건데 뭐.

재밌고 감사하게
삶을 즐기는

나는 오늘도 캠핑 중.

풍요로운 가난

'가난한 시인'과
'부자 시인'은
전혀 다른 느낌이다.

시는
가난 속에 숨어 있는 걸까?

시가
숨어 있다고 생각하니

갑자기 가난이
풍요로워 보인다.

놀이동산

인생은

놀이동산에서의
하루 같다.

잠깐의 즐거움과
오랜 기다림.

자빠져 있어도 사랑해
제4부 인생 이야기 《삶》

정말 좋겠네

엄마의 성질이 더러울수록
딸의 미모가 뛰어나다.

엄마가 게으를수록
아들의 아이큐가 좋다.

아내가 많이 먹을수록
남편의 사회적 성취도가 높다…면,

정말 좋겠네~!
정말 좋겠네~!

향기로운 삶

홀로 있으며
향기로울 수 있는 방법은

좋은 생각을 하는 것.

껌 같은 인생

어떻게 된 게

기쁨은
풍선껌처럼
금방 터져 버리고

슬픔은
밟은 껌처럼
좀체 떨어지지 않는구나.

에잇! 슬픔 많은 이 세상
껌이나 씹자.

악

'악' 소리라도 내 줬으면
좋으련만,

악은
소리 없이
다가온다.

고치는 이유

내가 글을
고치고 또 고치는 이유는

'잘 쓰려고'가
아니라

'잘 쓰려고 했나'
싶어서.

거지같이 당당하기

빨래를 하다 보면
딸내미 옷들이 제일 후줄근하다.

살 때부터 비싸게 주고
어디서 저런 것들저런 것을 골라온 것이다.

페인트가 묻은 것 같기도 하고
여기저기 찢어져 있고
크기도 마대 자루 같다.

하지만 행여 남들에게 무시당할까
그럴듯해 보이는 남편 옷이나
내 옷들과 섞여 있어도 당당하기만 하다.

젊음은 너무 찬란해서
인생의 시샘을 받지 않으려면
그렇게라도
감춰 둬야 하는 것인지도 모른다.

제5부

하나님
이야기

겸손은 힘들어

모든 것을 갖춘 인간이 할 수 있는
최대의 겸손은

'겸손한 척'
하는 것이다.

그래서 하나님이
결핍을 주셨나 보다.

기도란

기도란
바꿔치기하는 것.

나의 생각을
그분의 생각으로,

나의 목표를
그분의 목표로,

나의 힘을
그분의 힘으로,

그렇게 그분과
일치되어 가는 것.

시세도 모르시나

저는 어부입니다.
제 마음 파도 속
수많은 감정을 순간순간 잡아서
하나님께 드립니다.

저는 광부입니다.
제 마음 깊은 곳
시커멓고 음침한 것을 매일매일 캐서
하나님께 드립니다.

저는 농부입니다.
제 마음 여기저기
끝없이 가라지를 뽑고 또 뽑아
하나님께 드립니다.

'시세도 모르시나, 하나님은…'
아무짝에도 쓸모없는 이것들을
그 비싼 '평안'으로 바꿔 주시네요.

손해 보셔도 저는 몰라요.
무르기 없음.

기우는 마음

주일 예배를 드리고 있는데
왼쪽 옆자리가 비어서
핸드백을 그곳에 두었더니

누가 훔쳐 갈 것도 아닌데,
몸이 자꾸 핸드백 방향으로 기울었다.

나도 모르게 신용카드, 돈,
신분증, 화장품, 사탕에 기우는 마음을

돌이켜 하나님을 바라보는 것이
'예배'인 것 같다.

은혜가 필요해

주일 예배 중
성찬식이 있었는데

제일 큰 떡을 집어서
남편에게 자랑했다.

성찬식에서도
욕심을 부리는 나는

은혜가 필요하다.

하나님과 바둑 두기

때때로 나는
하나님과 마주 앉아서
바둑을 두고 있는 것 같은
느낌을 받는다.

나의 급수를 잘 알고 계신
그분 앞에서
능력 이상을 보여 주려는 욕심 없이

한 수 한 수 최선을 다해
'오늘'이라는 바둑알 하나를
내려놓을 뿐이다.

그렇게 한 수 한 수
그분과 마주 앉아서

'인생'이라는 한판의 바둑을
잘 끝내고 싶을 뿐이다.

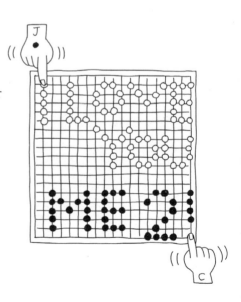

선택의 순간마다

유명한 사람이
알고 보니 뒤에서 이상한 짓을 해 왔다는 사실이
밝혀질 때가 있다.

그가 신앙을 가진 사람이라면
놀라움과 낙심은 더욱 커진다.

나는 요새 그렇게 놀라지 않는다.
인간은 원래 뒤에서
어떤 짓이라도 할 수 있는 존재이기 때문이다.
나도 그렇다.

그가 앞에서 떠드는 좋은 말도
사기꾼이라는 증거가 아니라
그렇게 되고 싶어 하는
또 하나의 진심일 뿐이다.

선하게 살고 싶지만
악의 유혹을 늘 받고 있는 우리는

매일매일 눈앞에 놓여 있는 선택의 순간마다
무엇을 선택하느냐에 따라
어떤 모습이 되어질 뿐이다.

자빠져 있어도 사랑해
제5부 하나님 이야기

변화되지 않는 이유

딸에게 물었다.

성경을 많이 읽어도
변화되지 않는 경우는
왜 그런지 아냐고.

귀찮은 질문에 보통
"몰라!"라고 대답하는 딸이
또박또박 말한다.

"사용하지 않아서"라고.

복잡하지 않은 말로
핵심을 짚는 것에
깜짝 놀랐다.

큐티 준비

아침에 커피를 내려놓고
큐티 준비를 해 놓고 기다리는데
남편이 안 내려온다.

오늘의 찬송이 무엇인지 보니까
제목이 〈어서 돌아오오〉(찬송가 527장)이다.

제목이 어쩜 그리 딱인지!
틀어 놓고 있으려니
남편이 금방 왔다.

"어서 돌아오오. 어서 돌아만 오오."
"어서 돌아오오. 어서 돌아만 오오."

애절한 가사가
그의 발을 재촉한 것 같다.

기도의 새로운 장르 1

기도하다가
조는 적도 있다고 하니까

남편이 말한다.
'졸기도' 하냐고

실패해야 성공해

〈TV 동물농장〉에서
도와주려는 구조단을 피해
필사적으로 도망치려는 강아지를 볼 때면

그 강아지의 계획이
제발 실패하기를
간절한 마음으로 바라게 된다.

하나님의 뜻과 어긋난
나의 계획 또한 그러해야 할 것이다.

나만의 기도

고민이 있을 때
하나님에게 물어본다.

그리고 나는 잘 테니까
그동안 잘 생각해 보시다가
내가 깨면 대답해 달라고 한다.

하나님께 맡겨 놓고
쿨쿨 자는 잠은 달다.

이것은 나만의 기도다.

행복한 자투리 노끈 이야기

시어머니가 우리 집에 와 계실 때 보면
뭐 하나 버리는 것이 없으셨다.

고무줄 하나, 노끈 하나, 봉지 하나도
허투루 버리시는 법이 없으시다.

옛날에 어머니가 쓸모없을 것 같은 자투리 노끈을
쫑쫑쫑 머리 땋듯이 따서

빗자루에 고리를 만들어 주셨는데
참 예쁘고 쓸모가 있었다.

오늘 나는
매번 그것 때문에 넘어지는 문제를 가지고서 낙심하고 있었다.

그런데 하나님이 갑자기
어머니가 만드신 빗자루 고리를 생각나게 하셨다.

쓸모없을 것 같은 자투리 노끈도
솜씨 있는 주인에게 잡히면

꼭 있을 자리에서 요긴하게
자기 역할을 할 수 있다.

주인을 제대로 만난 자투리 노끈이
빗자루와 함께 오랫동안 행복했다는 이야기를
나의 이야기로 만들고 싶다.

졸려요

예배 시간에 기도할 때
"하나님, 저 졸려요."
라고 말할 때가 있다.

지난밤에 잠을 설쳤을 때
눈을 감으니까 그런 것인데

하나님은
"괜찮으니까 잠시 눈 좀 붙여라."
하고 말씀하실 때가 많다.

자빠져 있어도 사랑해
제5부 하나님 이야기

붕어빵

붕어빵을 사서
차에 남겨 둔 채로 예배를 드렸다.

기도하는데 자꾸
붕어빵이 생각났다.

열두 개를 샀는데 하나가 터졌다고
서비스로 줬으니 열세 개…

내가 두 개 먹고 남편이 두 개 먹었으니까
몇 개 남았나 계산…

딸이 두 개 먹으면
또 몇 개 남나 계산…

남은 것을 냉장실에 넣을까,
냉동실에 넣을까 고민…

낱개로 싸서 넣을까,
한 봉지에 때려 넣을까 고민…

아, 인생은
붕어빵 같은 고민의 연속.

뭐 같은 고민이든 간에
하나님과 함께할래요.

자빠져 있어도 사랑해
제5부 하나님 이야기

그렇게 욕을 드시고도

하나님은

쫀쫀하고,
치사하고,
집요하고,
고집 세고,
얄짤없고,
얄밉고,
지능적이고,
인정머리 없고,
믿을 수 없고… 등등

그렇게 온갖 욕을 드시면서도
나를 놓지 않으신다.

안 바쁘신가?

아무나 시킬 수 없어서

"이것은 어렵고 힘들고
아무에게나 시킬 수 없는 일이야.
그래서 난 네가 이 일을 해 줬으면 좋겠는데…
어때? 한번 해 보겠니?"

국민학교 때 담임 선생님이 이렇게 말씀하시며 내게 맡긴 일을
힘든 줄 모르고 자랑스럽게 해냈던 기억이 있다.

그래서 나는 어렵고 힘든 일이 있을 때면
아무나 시킬 수 없어서

하나님이 내게 맡기셨다고 생각하며
힘을 낸다.

어때요? 힘이 날 만하지요?

기도의 새로운 장르 2

함께 큐티 후, 남편이 기도를 한다.

"주님, 요새 어깨가 너무 아파서
밤마다 잠을 못 자고…"

내 오십견 기도를 제일 먼저
해 주나 보다.

"제가 어깨뿐 아니라 손가락도 아프고
나이가 들다 보니…"

듣다 보니 자기 아프다는 얘기네.
마누라 위할 줄을 몰라.

나는 하는 수 없이 속으로
남편에게 꼽사리 껴서

"주님, 저도 아파요. 저도요~!"
라고 하나님께 어필을 했다.

내 소리도 크게 가서 닿을 것 같다.

기도의 새로운 장르,
'꼽사리 기도'

기도의 새로운 장르

자빠져 있어도 사랑해
제5부 하나님 이야기

인간관계

모든 인간관계는

네가 나한테
어디까지 해 줄 용의가 있는지를 묻는

하나님의 음성과 같다.

만나 주시는 하나님

계획하는 사람은

기껏 짜 놓은 것과 상관없이
맘대로 하시는
하나님을 만날 수 있고

계획하지 않는 사람은

내 맘과는 상관없이
계획대로 하시는
하나님을 만날 수 있지요.

기도가 안 되는 이유

기도는
어떻게 할지 몰라서
안 되는 것이 아니라

순종할 마음이 없어서
안 되는 것 같다.

이런 감사

별것 아닌 일로 우리 딸이 불평을 하길래
감사하면서 살라고 말해 줬다.

딸이 말한다.
자기는 매일 밤마다
감사 기도를 하고서 잔다고.

어제는
지붕이 있어서 감사했단다.

와! 대단하다.
나는 지붕이 있어서
감사했던 적은 없는 것 같다.

너는 감사하는 아이로구나.
몰라봐서 미안해.

수정이와 인정이

남편이 기도하면서
이런 말을 한다.

제 아내는 늘 수정이와 함께하지만
예쁘게 봐달라고.

남편이 하는 말을
내가 자꾸 '수정'한다고 저런다.

수정이를 싫어하는 남편이
좋아하는 이름이 있는데

그 이름은
'인정'이다.

양다리

양다리를 걸치고 있는 사람이
힘을 가질 수 있을 거라고
생각할 수 없습니다.

그는 양쪽 모두에게서
약자일 뿐입니다.

어느 쪽 다리에도
온전히 힘을 줄 수 없는 까닭입니다.

세상과 하나님께
양다리를 걸치고 있는
그 사람 또한 그렇습니다.

예수님이라면

연기의 대가인
몇몇 배우들의 얘기를 들어보니까

어느 역할을 맡으면
철저하게 그 인물이 되기 위해

앉으나 서나 자나 깨나 꿈에서라도
'그 사람이라면?' 하고
생각하며 살아간다고 한다.

얼마나 철저히 그 사람이 되었던지
촬영 막바지에 가면, 아니 촬영이 끝난 뒤에도
내가 그인지, 그가 나인지 모를 지경까지 간다고 한다.

우리가 변화되는 것도
그런 과정을 거치는 것은 아닐까.

앉으나 서나 자나 깨나 꿈에서라도
예수님을 닮아가기 위해 몸부림친다면
어찌 이 모습으로 내내 남아 있으랴

자빠져 있어도 사랑해
제5부 하나님 이야기

섭리란

섭리란

그렇게
이끌려 가는 것,

그리고
나중에 깨닫게 되는 것.

하나님이 부르실 때까지 열심히 살아가기

어차피
엄마가 부르면 들어가야 하니까

'이 짓은 해서 뭐하나.' 하고
한구석에 쪼그리고 앉아
시간 가는 것만 기다리는 아이는 없겠지.

다른 아이들이 왁자지껄
신나게 노는 골목길에서….

에필로그
하나님 안에서 꽁냥꽁냥 살아가기

✥ 크리스틴 스타일
한국에 살 때는 글을 이렇게 많이 안 썼던 것 같은데, 외국에 오래 살다 보니 모국어를 더욱 사랑하게 되었나 보다. 오랫동안 거의 매일 SNS에 글을 썼다. 내가 잘 모르는 것들은 쓸 수가 없으니까 내가 제일 잘 아는 우리 가족 이야기, 내가 살아가는 이야기들을 내가 쓰고 싶은 방식으로 썼다. 덕분에 나만의 글이 생겨났다. 일명 '크리스틴 스타일'.

✥ 확실히 살아 있는 지금! 책을 내 볼까?
나는 옛사람의 일기 읽는 것을 좋아한다. 이미 세상을 떠난 그들이 당시에 어떻게 살았으며 무슨 생각을 했는지 궁금하고, 여러모로 나에게 위로와 격려가 되기 때문이다. 그래서 나도 백 살이 되면 책을 한 권 내서 나의 자녀와 손주들에게 물려주고 죽었으면 좋겠다고 생각했다. 내 글이 엄마, 아빠, 할아버지, 할머니가 어떻게 살았는지를 알려줄 수 있는 독특한 유산이 될 듯 싶었다. 그렇게 하루하루 백 살을 향해 가던 어느 날, 문득 이런 생각이 들었다. 내가 백 살까지 산다는 보장도 없고, 그때까지 살아 있어도 정신이 말짱하다는 보장도 없으니, 확실히 살아 있는 지금! 책을 내 볼까?

❖ 엄마는 뭘 그렇게 매일매일 깨달아?

책을 내기 위해 글을 고르려고 하니 생각보다 일이 많았다. 일단 분량이 너무 많고 어떤 글을 뽑을지 결정하는 것도 쉽지 않았다. 그래서 남편과 아들, 딸에게 같이 좀 골라 달라고 SOS를 쳤다. 이 사람들이 처음에는 자기네들이 등장하니까 흥미를 보이는 듯하더니 작업량이 생각보다 많다는 것을 알고 나자 빠지기 시작했다. 하기 싫은 표정이 역력했다. 급기야 딸이 볼멘소리로 말한다. "엄마는 뭘 그렇게 매일매일 깨달아?"

❖ 깨달음은 깨달음을 낳고…

'써 대는 것이 무슨 소용 있으랴, 열심히 살기나 하자.'라고 생각해서 글 쓰는 것을 멈춰 본 적이 여러 번 있었다. 그런데 하루 이틀 쉬다 보면 내 안에서 무엇인가 메말라가는 것이 느껴졌다. 생각도 멈추고 느낌도 멈추고 사랑도 멈추는 것 같았다. 이상하다. 매일매일 글을 쓸 때는 매일매일 퐁퐁퐁 솟아났는데…. 그래서 다시 쓰기 시작하면 여지없이 생기가 다시 돌아왔다. 쓰면 쓸수록 더 쓸 것이 생기고, 깨달으면 깨달을수록 더욱 깨달아졌다. 사람마다 살아 있다는 느낌을 주는 것이 각각 있을 텐데, 나에게는 그것이 글을 쓰는 일이었다.

❖ 그 집 남편 괜찮아?

매일 깨닫는 것은 좋은데, 우리 집 식구들을 걱정하는 사람들이 생겨났다. "그 집 남편 괜찮냐, 아이들에게 허락은 받았냐." 왜냐하면 내가 쓰는 글들이 주로 우리 가족에게 일어나는 지극히 사적이고 구체적인 이야기들이기 때문이다. 그 질문에 답을 하자면 우리 식구들은 모두 내가 쓰는 이야기들을 잘 알고 있다. 언제든지 볼 수 있기 때문이다. 특히 남편의 경우, 하도 까발림을 당하다 보니 이제는 '자포자기력'이 생긴 듯하다. 그냥 내버려 둔다. 내 글의 독자들에게 또 자주 듣는 이야기는 "그 집 이야기가 우리 집 이야기야, 우리 집도 그래."이다. 그럴 것이다. 우리 가족은 지극히 평범한 사람들이기 때문에 우리 집에서 생기는 일들은 다른 집에서도 많이 일어날 것이다. 하지만 평범한 그 일들에 사랑의 빛이 쪼이면, '어느 집에서나 일어나는 아주 특별한 이야기'가 되는 것 같다.

✤ 자빠져 있어도 사랑해

이 책의 제목인 "자빠져 있어도 사랑해"는 곰곰 씹을수록 깊은 맛이 나는 제목이다. 소파에 자빠져서 자고 있는 딸을 향한 남편의 사랑에 대하여 쓴 글이 있다. 그 에피소드에서 떠올린 제목인데, 우리를 향한 하나님의 사랑을 잘 표현해 준 것 같다. 살아가는 일이 너무 힘들어서 헉헉 숨을 몰아쉬는 우리에게 하나님이 말씀하시는 것 같다. "자빠져 있어도 괜찮아, 자빠져 있어도 귀여워, 자빠져 있어도 사랑해, 그러니까 너무 두려워하지 말고 안심하고 살아 가거라". 하나님의 그 말씀은 나에게도 힐링이 되었다. 이 책의 인세는 전액, 문화 사역 단체인 "IYAGI(이야기)"에 사용될 것이다. 그 일이 혼탁한 이 세상에 떨어뜨리는 한 방울 맑은 물이 되기를 바란다.

✤ 스페셜 땡큐

나의 글쓰기에 막무가내로 동원된 남편과 아들 David, 딸 Eunice에게 감사하다. 또한 사랑으로 키워 주시고 어릴 때 월부로 문학전집을 사 주셨던 우리 엄마, 최갑순 여사에게 감사를 드린다.

2023. 10. 16.
LA에서 크리스틴 장